DE
LA PERSE

ÉTUDE

SUR

GÉOGRAPHIE, LE COMMERCE, LA POLITIQUE, L'INDUSTRIE
L'ADMINISTRATION, ETC.

Ch. DE MOLON

PRIX : 1 fr. 50

VERSAILLES

ÉTIENNE, LIBRAIRE-ÉDITEUR

46, RUE DE LA PAROISSE

1875

DE

LA PERSE

DU MÊME AUTEUR :

ÉTUDE SUR LA GRÈCE

(SOUS PRESSE)

DE

LA PERSE

ÉTUDE

SUR

LA GÉOGRAPHIE, LE COMMERCE, LA POLITIQUE, L'INDUSTRIE
L'ADMINISTRATION, ETC.

Ch. DE MOLON

PRIX : **1 fr. 50**

VERSAILLES

ÉTIENNE, LIBRAIRE-ÉDITEUR

46, RUE DE LA PAROISSE

1875

PRÉFACE

Il y a bientôt deux ans que le Schah de Perse est venu en France. Son séjour dans les différents Etats d'Europe inspira un vif sentiment de curiosité de la part des populations, principalement des nations Anglaise et Française. Un grand nombre de personnes poussées les unes par l'ambition, les autres par l'amour-propre et la vanité, adressèrent à Sa Majesté Naser-Ed-Din une multitude de demandes dont le chiffre s'éleva à plusieurs milliers. L'auteur aurait pu suivre leur exemple et grossir le nombre des pétitionnaires ; s'il a attendu jusqu'à présent c'est qu'il ne voulait pas être accusé d'avoir fait une démarche intéressée.

Ces explications étant données nous pensons qu'il serait utile de donner quelques détails sur l'ouvrage que nous soumettons à la publicité.

Ayant à parler d'un royaume en somme peu connu si ce n'est d'un petit nombre de hardis voyageurs, l'auteur a essayé de résumer en quelques pages l'histoire de la Perse, en y ajoutant quelques données sur le commerce, l'industrie, la géologie, l'administration, etc., en un mot sur chacun des points de vue sous lesquels on peut se placer. Etre clair, net, précis, a été le but constant de ses efforts.

Parmi les grands ouvrages historiques consultés par l'auteur, nous citerons : l'*Histoire des Mongols*, de Raschid-Eddin (1320), traduite en français par Quatremère (Paris, 1836) ; l'*Histoire de Timour*, de Schérif-Eddin-Jeddy, traduite par Pétis de La Croix (Paris, 1734) ; l'*Histoire Universelle* de Mirkhond (xve siècle), vaste travail dont Defrémery, Wilken, Sacy, Jourdain, Wullers et Jaubert ont extrait et traduit, soit en français, soit en allemand, l'histoire complète de certaines dynasties ; l'*Histoire de l'Inde*, par Férichta, traduite en anglais par Briggs (1829, 4 vol. in-8°) ; l'*Histoire des Afghans* de Neamet-Ullah, traduite en anglais par Dorn (1829, 2 vol. in-8°) ; l'*Histoire de l'Inde* (1705-1782), par Gholam-Hussaïn-Khan, traduite en anglais par Bridges (Londres, 1833), ainsi que M. Khanikoff et Férier.

(*Note de l'éditeur*).

LA PERSE

GÉOGRAPHIQUE, AGRICOLE, INDUSTRIELLE ET MILITAIRE

Perse moderne ou Iran occidental.

La Perse est un Etat du S. O. de l'Asie, situé entre 25° et 40° de latitude septentrionale, 42° et 60° de longitude orientale, limité au Nord par le Turkestan, la mer Caspienne et l'Araxe, qui le sépare de l'empire Russe, à l'Ouest par la Turquie d'Asie, au Sud par le golfe Persique, dont le littoral fait partie des possessions de l'iman de Mascate, et confinant à l'Est au Bélouchistan et à l'Afghanistan. La superficie de cet Etat est évaluée à 1.160.000 kilomètres carrés, et sa population à 9 millions d'habitants. Capitale Téhéran.

Aspect général, orographie et hydrographie.

La Perse occupe toute la partie occidentale du vaste plateau Iranien, dont l'Afghanistan et le Bélouchistan occupent le versant oriental. Ce plateau, immense bassin méditerranéen, dont les eaux ne se déversent dans aucun des Océans qui baignent l'Asie, est entouré de contrées montagneuses ; il présente successivement des plages basses, envahies par des sables brûlants, des rangées de montagnes, couvertes tantôt d'arbres et de neige, tantôt de rocs arides; entre elles des vallons spacieux, vastes plaines sans eau et sans culture, déserts plus vastes imprégnés de sels marins, villes en ruines, villages inhabités, partout la marque des invasions et des révolutions, quelquefois des vallées et des jardins délicieux, fraîches oasis malheureusement en butte aux sauvages incursions des tribus nomades du désert. Dans les plaines voisines de la Babylonie, un ciel brûlant, près du golfe Persique, des rivages arides, tandis que les bords de la Caspienne, humides et tempérés, sont couverts d'une végétation luxuriante.

Les montagnes qui soutiennent le plateau de la Perse, au Nord, tiennent d'un côté au Caucase, et de l'autre, à l'Himalaya par l'Indou-Kho. A l'Ouest de l'Indou-Kho, le contre-fort est formé par les monts du Gouristan, les monts Ebbrouz, qui, en se prolongeant le long du bord méridional de la mer Caspienne, s'abaissent abruptement de côté, mais d'une manière beaucoup moins sensible du plateau intérieur de la Perse. La chaîne de l'Ebbrouz présente une grande quantité de pics coniques, entre autres le volcan Desnovend, haut de 4.600 mètres, et du côté Sud-Ouest de la

Caspienne, elle se réunit aux monts d'Arménie par la chaîne de l'Aderbidjan. Le contre-fort oriental du plateau de la Perse est formé par les montagnes servant de frontières à l'Inde et à la Perse; ce groupe, composé de plusieurs chaînes parallèles, s'étend depuis l'Indou-Kho, le long de l'Indus, à travers l'Afghanistan et le Bélouchistan, jusqu'à la mer, et s'abaisse d'une manière abrupte du côté du fleuve, tandis que l'abaissement a lieu insensiblement du côté de la Perse. Le plateau de la Perse n'est pas moins exactement fermé au Sud, car le contre-fort qui le sépare de la mer, « dépassant souvent la ligne des neiges éternelles, » dit M. de Khanikoff, « suit avec une constance remarquable, depuis l'océan Indien, jusqu'à sa rencontre avec le petit Caucase, une direction qui coupe le méridien sous un angle de 30° à 40°. » Ces montagnes prennent vers l'Euphrate le nom de monts Zagros. Le plateau ainsi dessiné, se subdivise naturellement en quatre terrasses présentant chacune une dépression. « Celle du Nord-Ouest, » dit le même voyageur, chef d'une expédition scientifique russe en Perse (1858), « qui comprend le grand désert salé, situé entre les villes de Kachan, Koum, Damghan, Torrichiz et Tébès est la plus vaste. Le point le plus bas de ce plateau, point que nous n'avons pas visité nous-même, est indiqué par la direction des cours d'eau, qui, des confins de la terrasse se portent vers l'intérieur, et il doit se trouver sur la ligne droite qui joint les villes de Bastam et de Tébès. Ses limites, au Nord et à l'Ouest, ne s'abaissent nulle part au-dessous de 900 mètres d'altitude absolue, tandis que la hauteur de ses limites, au Sud et à l'Est, est d'à peu près 600 mètres ; conséquemment sa pente moyenne est dirigée du Nord-Ouest au Sud-Ouest. La seconde terrasse comprend le désert de Lout ; elle s'étend entre les villes de Nih, Beudon, Tébès, Jezt et Kirman (ou Kerman). Son point le plus bas se trouve sur la droite qui joint Khabis et Nih. C'est, sans le moindre doute, la dépression la plus profonde de tout le Khoraçan, car la hauteur absolue de sa limite septentrionale varie de 900 à 12.000 mètres; sa limite du Sud-Est, à Dihi-Sélif, n'a que 38 mètres, et son point le plus bas n'a très-probablement que 120 ou 150 mètres d'élévation absolue. Sa pente moyenne est dirigée du Nord-Nord-Ouest au Sud-Sud-Est. » La troisième terrasse est celle du Sélistan, limitée au Nord par la ligne de partage entre les pentes du Nord et celles du Sud, crête qui s'étend entre Sebzar et Birdjand. Cette dépression atteint son point le plus bas dans le lac de Hamoun (471 mètres) ; sa pente, extrêmement douce, est dirigée du Nord au Sud, et elle se distingue de toutes les autres par son extrême richesse en eau.

« Enfin, la dernière terrasse, la plus petite de toutes, qu'on peut même considérer comme une espèce de vallée, est située entre les villes de Khaf, Toun, Birdjaud, le village de Jezdoun et Hérat. Sa limite méridionale a une élévation de 760 m., et celle du S. de 518 m.; sa pente est dirigée du S.-O. au N.-E. » Ces divisions naturelles du sol ne sont pas cependant partout séparées par des limites très-marquées, et il arrive souvent que le voyageur passe de l'une à l'autre sans s'en douter.

Le plateau intérieur de la Perse présente donc une dépression très-sensible, formant un immense désert de sel, où croissent çà et là quelques plantes salines ; les quelques cours d'eau qu'on y rencontre et qui prennent leur source dans les montagnes qui l'entourent se perdent dans le désert en lacs et en marais. Le plus considérable d'entre eux, l'Helmend, qui coule dans l'Afghanistan, se jette dans le lac Hamoun. Les rivières les plus considérables de la Perse se trouvent sur le versant extérieur du plateau central ; ce sont : l'Araxe, qui forme pendant quelque temps la limite entre la Perse et la Russie ; le Kisilo-Osen, qui descend des monts du Kourdistan, et se jette dans la mer Caspienne; le Kérah, qui descend du versant méridional des monts Zagros et se jette dans le Schat-el-Arab. Les lacs les plus importants sont les lacs d'Ourmiah, dans le N.-O., entre le Kourdistan et l'Aderbidjan, et le lac d'Hamoun ou de Zareh, entre la Perse et l'Afghanistan.

Constitution géologique, climat, productions.

Le centre de la Perse n'est qu'une plaine de cailloux

et de gravier, interrompue de temps à autre par quelques oasis. Le vaste désert de Lout consiste en un sable grisâtre à gros grains, étendu sur une couche sablonneuse cimentée et rendue compacte par une solution de sel; malgré cela, la terre n'est pas entièrement dénuée de toute fertilité; diverses plantes s'accommodent de ce terrain; ce sont à peu près les mêmes qu'en Arabie et en Egypte.

Quelquefois, cependant, un pays triste et nu s'étend devant le voyageur; une série de mamelons sablonneux, privés de toute végétation, s'élève au-dessus d'une plaine argileuse, dont le sol résonne sourdement sous le pied des chevaux, comme s'il recouvrait un gouffre. Dans les oasis, dans quelques vallées et dans certaines plaines, l'argile est recouverte d'une couche végétale très-fertile quand elle peut être arrosée. La plaine entre Bassiran et Séritchah, dans le Khoraçan méridional, est argileuse et salmi; elle est enclavée entre deux rangées de montagnes et présente dans beaucoup d'endroits de bons pâturages pour les moutons et les chameaux. Souvent aussi le sol recouvre des roches ferrugineuses, surtout dans les environs de Bassiran.

Le climat de la Perse est loin d'être uniforme sur toute l'étendue de cet Etat; on y distingue trois gradations principales; le climat chaud et sec de la région des côtes sur le golfe Persique et la mer des Indes, climat tout-à-fait tropical, où, sur certains points, la chaleur de l'été est tout aussi ardente que dans l'intérieur de l'Afrique, et dès lors fameux par son insalubrité ; le climat plus froid et non moins sec de la superficie du plateau, et l'heureux climat intermédiaire des bords de la Caspienne, des vallées et des terrasses, des montagnes servant de contre-forts. M. de Khanikoff, dont nous résumons les savantes investigations, présente quelques explications plausibles du phénomène climatologique de la Perse. « L'absence complète de végétation et d'eau dans le désert de Lout, » dit-il, « son grand échauffement pendant le jour, la profondeur à laquelle la chaleur solaire y pénètre dans le sol et peut-être même la configuration de sa surface jouent un grand rôle dans cette anomalie météorologique. Partout où l'influence thermique de cette chaude terrasse se fait sentir, nous voyons la température annuelle s'élever plus haut que dans les endroits voisins, mais abritée contre son influence immédiate par quelques accidents de terrain. Cette action est encore très-manifeste dans le Mazenderan, où les courants d'air chauds et secs, qui s'écoulent du Lout vers le N.-O. produisent une évaporation rapide sur toute la surface méridionale de la mer Caspienne. Traversée par les vents froids du nord, ces couches d'air saturées de vapeurs produisent des pluies abondantes et chaudes, qui entretiennent une végétation presque tropicale sur la côte du Talich, du Ghilan, et du Mazenderan..... » Plus loin, au N., l'influence frigorifique est trop prépondérante, et la côte septentrionale de la Caspienne, à partir de Derbend, prend complètement le caractère du climat excessif de l'Asie septentrionale. Mais si, pour des contrées assez éloignées du Lout, l'action de la chaleur qui s'y développe est bienfaisante, il n'en est pas ainsi pour les localités situées dans le voisinage immédiat. Ainsi, à Khabis, près de Kerman, dans la partie méridionale du Khoraçan, personne ne peut impunément s'exposer en été au vent qui souffle du désert; car aussitôt que ce courant d'air, presque absolument sec, atteint les organes respiratoires, l'homme éprouve un vertige et, au bout de quelques instants, il perd connaissance et meurt, s'il n'est pas immédiatement soustrait à l'influence destructive de ce vent pestilentiel. Dans le Lout, au mois d'avril, la température de la surface du sol a ordinairement 38° centigr. En hiver, à Méched et à Hérat, le thermomètre descend souvent jusqu'à 18,75 au-dessous de zéro ; près de Kerman, M. de Khanikoff a constaté, le 14 janvier 1858, une température de 1°,67 au-dessous de zéro. La quantité de vapeur d'eau contenue dans l'air présente aussi des variations sensibles : sur la côte méridionale de la Caspienne, la saturation de l'air est très-grande; elle varie de 80 à 90 pour 100, tandis que dans les montagnes elle n'est que de 60 pour 100, et dans les plaines du Khoraçan de 20 à 22 pour 100. « La particularité la plus frappante du climat de ces contrées est la constance de la pression atmosphérique; le baromètre oscille très-peu dans le courant des 24 heures et même durant presque toute l'année... Ces propriétés, pour ainsi dire exceptionnelles, du climat de cette partie de l'Asie centrale, produisent beaucoup de phénomènes météorologiques peu fréquents dans d'autres parties du continent asiatique. » Nous ne mentionnerons ici que les plus frappants, tels que les trombes de poussière, le brouillard sec, les pluies qui, n'arrivant pas à la surface de la terre, se vaporisent dans l'air; et les nuages de poussière.

Il résulte des conditions de sol et de climat que nous venons d'énumérer, que la Perse doit être comptée, en général, parmi les plus arides contrées de la terre. Il convient de dire, cependant, que la zône septentrionale du Ghilan et du Mazenderan, forme une grande exception à cette aridité. Là, sur le flanc des montagnes, s'étendent de riches forêts de chênes, de châtaigniers, de hêtres et de platanes, dont les troncs sont couverts de plantes grimpantes. Les vignes sauvages semblables à des serpents d'une dimension monstrueuse, enlacent ces géants de la forêt, et étalent d'un arbre à l'autre, leurs festons verdoyants sous lesquels le jasmin, le grenadier, les pruniers et surtout le cratagus, forment des bouquets souvent impénétrables. Si l'on compare l'aridité et la triste uniformité des plaines salines de la côte septentrionale de la Caspienne, avec la végétation luxuriante et presque tropicale de la côte méridionale, on est frappé des contrastes que présente le développement de la nature organique sur les deux bords de la mer intérieure. Au nord, l'âne peut à peine supporter la rigueur du climat; au sud, le tigre du Bengale est une bête commune. Près d'Astrakan, c'est à peine si le raisin a le temps de mûrir; dans le golfe d'Asterabad, sur la presqu'île de Potemkine, le palmier croît en plein champ, la canne à sucre et le coton sont cultivés avec succès. Enfin, chaque année, des glaces épaisses enchaînent les flots de la partie septentrionale de la mer, et avant qu'elles aient eu le temps de fondre, tout fleurit déjà sur les côtes du Ghilan et du Mazenderan, où règne la plus grande fertilité. Mais, sauf cette heureuse exception et celles que présentent aussi quelques districts du Khoraçan, les montagnes de la Perse manquent de forêts et même d'arbres, et la végétation est encore plus misérable dans les plaines. La sécheresse, l'absence de cours d'eau font que l'irrigation du sol est des plus défectueuses. Rien n'y prospère sans arrosement artificiel, et partant les seules parties de la Perse susceptibles d'être cultivées, sont celles qu'on peut arroser; le reste du sol ne se compose que de steppes ou de déserts. De là l'importance pour la Perse, d'un système d'irrigation qui, jadis, avait été exécuté sur la plus large échelle, mais qui a suivi depuis, la décadence politique et sociale de ces contrées. L'arrosement ne pouvant avoir lieu que là où il existe des rivières et des ruisseaux, par conséquent dans les vallées et sur les terrasses des montagnes servant de contre-fort au plateau, ou encore en partie dans la contrée qui entoure le désert intérieur et borde le pied de ces contreforts, c'est là seulement qu'on trouve des terres cultivées. En descendant de ce plateau aride et nu vers le sud, on atteint, au milieu de montagnes encore complètement nues, des paradis fertiles et isolés, où le froment croît encore à 3,000 mètres et l'oranger à 2,500, où les vergers alternent avec les bois de myrtes, avec les vignobles et les dattiers, où les rosiers et les arbres fruitiers atteignent les proportions des arbres de haute futaie. Ceci se rencontre moins souvent dans la région des steppes qui entoure le désert intérieur ; cette région n'est guère cultivée que sur les bords des cours d'eau descendant des montagnes, et dans les quelques oasis qu'on rencontre dans le désert, au voisinage des sources. Nous devons ajouter que les contrées montagneuses de l'Aderbidjan et du Kourdistan, de même que les rives méridionales de la Caspienne, font exception à ce caractère général de la nature en Perse. Ces contrées ont complètement la physionomie des contrées alpestres, pour ce qui est du climat et de la végétation. Les montagnes de l'Aderbidjan, notamment, sont couvertes d'arbres forestiers et de pâturages, comme en offrent les montagnes de l'Europe.

Les principaux produits du sol, sont : le lin, le chanvre, le tabac, le sésame, le coton, le safran, la térébenthine, le mastic, les gommes, les noix de galle, les plantes tinctoriales ; l'abondance des mûriers permet l'élève des vers à soie : la Perse fournit annuellement au commerce, 20,000 balles de soie. Les jardins, délices des Persans, donnent des fruits exquis; enfin, le vin de Chiraz est le plus estimé de l'Asie. Les Persans ont la prétention d'avoir, les premiers, pratiqué la culture de la vigne et l'art de la vinification; ils assurent que ce fut dans l'Erivan, qui alors leur appartenait, que Noé planta la première vigne.

Les vins de la Perse, dans l'antiquité, paraissent avoir été très-capiteux, les souverains dont l'histoire a conservé le souvenir se livraient tous à des accès furieux lorsqu'ils s'étaient permis d'en boire quelques verres et l'on sait qu'Alexandre, à peine entré dans le pays de Cyrus, brûla Persépolis, étant dans un état de complète ivresse. Les vins que l'on buvait alors étaient comme aujourd'hui ceux du Farsistan, dont la capitale actuelle est Chiraz. Ces vins, transportés à Rome, y jouirent d'une grande renommée; ils coûtaient si cher que les grands seuls pouvaient se les permettre quelquefois. Les Mahométans proscrivirent longtemps la culture de la vigne; aujourd'hui, ils la permettent aux infidèles et se croiraient déshonorés s'ils faisaient du vin : ils se contentent d'en boire.

Les meilleurs vignobles sont situés au pied des montagnes qui s'étendent depuis le golfe Persique jusqu'à la mer Caspienne. Les principaux crus sont ceux de l'Aderbaidjan, de l'Erivan (haute Arménie), du Ghilan, de l'Irak-Adjémi et du Farsistan. Ispahan possède dans son voisinage des vignobles étendus, qui produisent beaucoup de bons vins de la même espèce que ceux de Chiraz, auxquels ils sont peu inférieurs. On cite particulièrement le vin blanc que font les Arméniens habitant le faubourg de Julfa.

La faune du pays répond complètement aux conditions du sol. Le chameau et le cheval jouent ici un rôle aussi important qu'en Arabie ; les chèvres et les moutons fournissent une laine qui sert à fabriquer une grande quantité d'étoffes. Les lions et les tigres infestent le désert ; les ours, les buffles, les sangliers, les loups, les hyènes errent dans les forêts du Ghilan et du Mazenderan ; l'antilope, le zèbre, le daim, le renard, le lièvre et le lapin sont l'objet d'une chasse abondante.

Les richesses minérales de la Perse sont nombreuses et variées, mais peu ou pas du tout exploitées. L'or, l'argent, le cuivre, le fer, le jaspe, le marbre, la turquoise, le sel, le bitume, le salpêtre, le naphte et l'huile de pétrole y abondent, mais la substance la plus répandue en Perse est le sel ; la terre en est tellement imprégnée en certains endroits, qu'elle ne peut produire que de la soude ou des plantes salines. Cette substance est charriée par les pluies dans les bas-fonds, de sorte que les lieux où l'eau a séjourné en hiver se présentent en été couverts d'une croûte de sel ; souvent aussi l'eau des rares rivières contracte un goût désagréable en traversant les pays imprégnés de sel.

Industrie, commerce, population.

L'industrie agricole de la Perse est très-arriérée ; son industrie manufacturière, quoique moins développée que par le passé, est encore assez active. Les Persans excellent dans l'art de fabriquer les étoffes et de leur donner des couleurs brillantes ; leurs tapis et leurs châles sont renommés. On vante aussi leurs armes, leur cuir et leur porcelaine. Ispahan fabrique différentes sortes de cotonnades et notamment le *Kadek,* espèce de nankin ; les sabres, les poignards, les couteaux, les ciseaux du Khoraçan sont très-estimés en Asie ; à Iezd, on trouve des fabriques de soieries et de châles, et les raffineries de sucre y sont importantes.

Si la Perse avait des routes bien entretenues, les mines pourraient être livrées à l'exploitation et les transactions commerciales prendraient un développement immense. Quoique bien déchu de ce qu'il était jadis, le commerce a toujours conservé quelque importance à cause de l'heureuse position du pays, qui en fait l'intermédiaire obligé des caravanes entre l'Europe et l'intérieur de l'Asie. Ce commerce est presque entièrement entre les mains des Arméniens de Buschir, de Tauris et de Tiflis ; ceux de Buschir trafiquent presque exclusivement avec les négociants des Indes Orientales, et la plus grande partie des navires employés à ce trafic appartient à l'iman de Mascate. Les marchandises importées de l'Inde consistent en épiceries, indigo, sucre, cotons teints et non teints, bois de construction ; la valeur de ces importations est évaluée annuellement à 30 millions de francs. Les articles d'exportation pour l'Inde sont les fruits secs, dattes, drogues, opium, gommes, soie grége, châles, tapis, safran, drap d'or, etc. La valeur de ces exportations est évaluée à 40 millions de francs. L'Europe fournit aussi à la Perse plusieurs articles de consommation ; l'importation annuelle des marchandises européennes atteint annuellement le chiffre de 45 millions de francs; cette importation se fait par Tauris et par Astrakhan.

La population se compose de trois éléments qui se sont mêlés sans se confondre entièrement. Trois des grandes familles ethniques, les Sémites, les Aryens et les Touranes, n'ont cessé d'affluer sur le sol de l'Iran et de se le disputer depuis les premiers temps de l'époque historique. Tout en se mélangeant dans certaines proportions, elles ont cependant gardé la plus grande partie de leur individualité. Le groupe sémite, représenté par environ 600,000 juifs et Arabes, est le moins important des trois; il s'est laissé en grande partie absorber. Le groupe aryen constitue le fond même de la population ; ce groupe, qui est celui des Farsis ou Persans, se subdivise lui-même en deux fractions : les Kourdes, à l'ouest, peuples montagnards qui descendent des anciens Kadurques de Xénophon et qui sont restés fidèles aux mœurs de leurs pères. C'est le type de l'Aryen primitif, de grande stature, aux traits nobles et accentués, à l'intelligence vive, mais indiscipliné; ils comptent pour un demi million environ. La seconde fraction du groupe est de nature toute différente; c'est l'Aryen civilisé, ennobli par le mélange du sang arabe, indien ou turc. Il est éparpillé sur toute la surface de l'Iran, dont il habite les villes et défriche les campagnes; il parle la langue persane et s'appelle lui-même du nom de Tadjik. Les lettrés, les artistes, les fonctionnaires se recrutent dans ses rangs. Cette population compte 7 millions d'âmes. Elle a les signes distinctifs de la race caucasique: taille élevée, yeux noirs ardents, barbe épaisse, sourcils arqués et noirs. Elle se fait remarquer par la promptitude de l'esprit, par son humeur railleuse, la grâce de ses manières, son aptitude à une haute culture intellectuelle. Le groupe touranien, enfin, est représenté par 700,000 ou 800,000 Turcomans environ, installés dans l'Iran par la force des armes depuis le moyen-âge. Bien que très-inférieurs en nombre aux Tadjiks, ils les ont dominés et ont maintenu leur puissance, sauf quelques courtes périodes d'interruption. Cette population est restée nomade; elle est surtout répandue dans les provinces du nord et de l'est et vit par tribus. Chacune a son district, où elle se livre à l'agriculture et à l'élève du bétail. Les Turcomans, Turkis ou Ihlats, comme les appellent les Tadjiks, vivent sous la tente ; ils sont robustes, tenaces, énergiques et belliqueux. De leur sein sont sorties la plupart des dynasties qui ont dominé l'Iran, et c'est encore d'une de leurs tribus, celles des Kadjars, qu'est sortie la dynastie actuellement régnante. Toute l'histoire de la Perse, durant les temps modernes, se résume dans l'antagonisme de ces deux races ; l'une parle, l'autre agit ; la première manie l'outil, la plume ou la charrue ; la seconde manie l'épée et monte à cheval.

Les Persans, Tadjiks ou Turkis professent presque tous l'islamisme; ils sont Chiytes, c'est-à-dire sectateurs d'Ali et moins hostiles aux chrétiens qu'aux musulmans orthodoxes ou sunnites. On compte en Perse environ 400,000 chrétiens, 200,000 juifs et 7,000 à 8,000 guèbres ou parsis, restés fidèles à l'antique mazdéisme. Les langues de l'Iran sont : le persan qui est parlé par les Tadjiks ; le turc, qui est l'idiome des Turcomans et de la cour de Téhéran, l'arabe et l'arménien.

Gouvernement, division et organisation politique, judiciaire, finances, armée.

La forme du gouvernement persan est monarchique ; l'autorité du souverain n'a de bornes que celles qu'il s'impose lui-même. Cependant, cette puissance illimitée trouve un contre-poids salutaire dans les membres du haut clergé, qui exercent une grande influence sur le peuple. Les *Moudjteheds* sont toujours écoutés par le souverain, et ce dernier est souvent obligé de renoncer à un acte arbitraire qui mécontenterait un de ces personnages. La couronne est héréditaire en ligne directe ; mais le roi ou *schah* peut choisir son successeur parmi ses fils. La cour du schah de Perse se compose d'un grand nombre de hauts dignitaires. La plus haute dignité est celle de premier ministre (*sadriazem*) ; après lui viennent l'intendant de l'empire, qui est chargé des finances ; le grand chancelier de l'Etat, qui s'occupe des affaires intérieures ; enfin, les *moutewsi* ou secrétaires d'Etat, parmi lesquels celui du département de la guerre occupe le premier rang. Citons encore le *porte-épée*, le *porte-bouclier*, le *verse-café*, etc. L'empire est divisé en onze provinces, subdivisées en districts ; voici le nom de ces provinces et de leurs chefs-lieux.

Provinces.	*Chefs-lieux.*
Irak-Adjémi.	Téhéran.
Tabaristan.	Amol.
Mazenderan.	Sari.
Ghilan.	Recht.
Aderbidjan.	Tauris.
Kourdistan persan.	Kirmanchach.
Khousistan.	Chouster.
Farsistan.	Schiraz.
Kerman.	Sidjan ou Kerman.
Khouistan.	Chéhéristan.
Khoraçan.	Meschad.

Dans chaque province, un gouverneur (*beglerbeg*) a sous son ordre les commandants des villes (*Hâkims*), les maires des localités importantes, ceux des villages, les lieutenants de police, les commissaires de marchés et les *pak-ker* ou percepteurs d'impôts. La police est faite en Perse d'une manière remarquable. Les villes sont divisées en quartiers; les habitants de chaque quartier choisissent leur lieutenant de police parmi les bourgeois les plus recommandables. Ces fonctions sont gratuites et ne s'obtiennent que par une réputation intacte. En Perse, comme dans tous les pays où le Coran est le seul code admis, l'administration de la justice est entre les mains du clergé, sous la haute surveillance du *Cheik-Oul-Islam*, ou chef de la foi, qui est en même temps le ministre de la justice. Les *Cheiks-Oul-Islam* des provinces ont sous leur juridiction les cadis et les mollahs. Le système financier de la Perse, pour la répartition et la perception de l'impôt, ne ressemble en rien aux institutions analogues des peuples européens. Les revenus de l'Etat ou plus exactement les revenus du souverain sont évalués à 100 millions de francs; cette somme provient des taxes et impôts de toute sorte qui sont répartis de la manière suivante : l'impôt foncier (*meliat*), qui est le cinquième des produits et se paye en nature ou en argent ; la taxe à laquelle sont soumis les animaux domestiques, tels que chevaux, chameaux, moutons chèvres, abeilles, etc. ; l'impôt personnel et les taxes sur les maisons (ce dernier n'existe que dans les ville et frappe surtout les boutiques et les magasins;) les droits de douanes, qui sont de 5 pour 100. Outre ces impôts fixes, il existe encore en Perse le *tribut extraordinaire,* exigé pour couvrir les dépenses de la famille, comme le mariage d'un prince du sang ou toute autre solennité. Les impôts extraordinaires ou vexatoires sont encore aggravés par les fonctionnaires chargés de les percevoir; ceux-ci, en effet, étant peu rétribués par l'Etat, ont toute liberté pour se payer eux-mêmes au détriment du peuple.

Toutes les dépenses locales sont, en outre, supportées par les provinces, l'impôt ne servant qu'aux besoins de la cour. Il n'y a pas de dette publique, par la raison qu'il n'y a aucun crédit; cependant, les revenus du Schah, si l'on peut appeler revenus les impôts levés arbitrairement, sont souvent supérieurs à ses dépenses. Les excédants sont convertis en joyaux et pierreries, ce qui explique la splendeur du trésor des Schahs.

Par contre, la mauvaise administration, jointe au manque de communications causé par l'absence complète ou par l'état de dégradation des routes, produit souvent dans le pays de cruelles famines. Celle qui a sévi en 1872 a dépeuplé les centres les plus importants. La capitale du Khoraçan, Mesched, perdit 80,000 de ses habitants, morts de faim ou du choléra, sur un nombre total de 120,000 citoyens; 20,000 environ parvinrent à fuir ce séjour maudit; le reste tomba entre les mains des routiers afghans et fut emmené en esclavage. Cependant, les efforts du souverain actuel, Nasser-Ed-Din, tendent à faire sortir la Perse de cet effrayant état de malaise. Dans une excursion faite au courant de cette même année 1872, le major anglais Saint-John a relevé la construction de 1,520 kilomètres de routes nouvelles, et l'inauguration du premier chemin de fer persan a eu lieu à Recht le 11 septembre 1873; un fil télégraphique relie Téhéran à Ispahan depuis 1861. Lors de son voyage en Europe, Nasser-Ed-Din avait conclu, avec le baron allemand Reuter, une convention aux termes de laquelle une société européenne se chargeait de la construction de chemins de fer, de routes, de canaux, de lignes télégraphiques, etc.; cette convention a été annulée postérieurement, mais elle pourra être reprise dans des conditions meilleures, et la Perse, une fois en possession des moyens de communication qui manquent entre ses provinces, combattra avec succès les fléaux qui la déciment.

Les forces militaires de la Perse peuvent être évaluées à 250,000 hommes de toutes armes. L'infanterie régulière compte 72,000 hommes, divisés en corps ou bataillons de 1,000 soldats chacun; chaque tribu doit fournir un certain contingent de troupes. Les fantassins irréguliers, recrutés dans les montagnes du Farsistan, du Khoraçan et du Mazenderan, sont peu nombreux, mais ils forment un corps d'excellents tirailleurs. La grande force de l'armée persane consiste dans sa cavalerie, qui se compose d'environ 150,000 cavaliers.

« L'artillerie, » dit M. Férier, « est ce qu'il y a de mieux dans l'armée persane; elle se compose d'environ 5,000 à 6,000 hommes, manœuvrant d'après l'instruction anglaise. Beaucoup d'entre eux ont fait la guerre contre les Russes, les Turcs et les Afghans, et, comme la somme qu'ils reçoivent est bien supérieure à celle des autres armes et qu'elle est payée avec ponctualité, ils restent presque tous sous les drapeaux et s'y distinguent par de véritables qualités militaires. » Les arsenaux de la Perse renferment un matériel considérable, mais qui n'est plus à la hauteur des progrès de la balistique. Les Persans possèdent un très-petit nombre de navires ; ceux de l'iman de Mascate desservent le commerce dans la mer des Indes. Les arts et les sciences sont très-arriérés dans le royaume; mais, sous ce rapport, le Schah actuel, Nasser-Ed-Din, paraît vouloir inaugurer en Perse une ère de renaissance. Une école polytechnique (*Dar-oul-funoun*) a été fondée à Téhéran, et depuis cinq ans, l'élite de la jeunesse persane vient puiser en France une instruction solide, soit dans les sciences et les arts, soit dans les différentes industries.

Histoire.

Les commencements de l'histoire ancienne de la Perse sont fabuleux et héroïques, comme le sont ceux de toutes les grandes nations de l'antiquité. Suivant ces traditions, les Perses, nés du sol même de leur pays, furent primitivement gouvernés par la dynastie des Pichtadiens, puis par celle des Karianides ou Achéménides. Parmi les princes de la première de ces dynasties, nous trouvons *Feridoum,* qui détrôna Zohak et l'enferma dans une caverne du mont Demavend. Le *Zend-Avesta* le fait régner cinq cents ans. Vers 720 avant J.-C., la dynastie des Achéménides monta sur le trône, dans la personne d'Achéménès, son fondateur, issu de la tribu des Pasargades, alors la plus puissante parmi les Perses (habitants du Fars ou Farsistan). Vers 640 av. J.-C., les Perses furent subjugués par Phraorte, roi de Médie, et, un siècle plus tard, les Mèdes, à leur tour, furent soumis par Cyrus, fils de l'Achéménide Cambyse, avec lequel l'histoire de la Perse sort de l'obscurité des premiers âges. Sous le règne de Cyrus, les Perses et les Mèdes furent le peuple le plus puissant de l'Asie. Ce prince vainquit Crésus, qui dominait dans toute l'Asie Mineure, soumit la Babylonie et fonda le vaste empire des Perses, qui s'agrandit encore de l'Egypte sous son fils Cambyse (529). Après le règne éphémère du faux Smerdis, Darius Ier soumit, grâce au dévouement de Zopire, Babylone, qui s'était révoltée, et subjugua la Thrace et la Macédoine (521-485 av. J.-C.) La Perse fut alors le plus grand empire du monde. Ses souverains, qu'on trouve presque toujours qualifiés de *grands rois* dans les auteurs grecs, possédaient le raffinement du luxe à un degré qui resta proverbial dans l'antiquité. Au-dessus du lit de la chambre royale s'ouvrait une autre chambre à cinq lits ou *logettes du trésor*, où il y avait toujours 5,000 talents d'or : c'est ce qu'on nommait le *chevet du roi* ; et au pied du lit, une seconde chambre à trois lits, nommée l'*escaboun du roi*, où l'on ne gardait jamais moins de 3,000 talents d'argent. Sur le lit, enfin, dans lequel couchait le grand roi, s'étendaient les rameaux d'une vigne d'or tout incrustée de pierreries, dont les raisins étaient faits des pierres les plus précieuses, et près de cette vigne était une large coupe d'or ciselé (Cœlius Rhodiginus, lect. ant., lib. XVIII, cap. XVIII). Mais l'ambition croissante et démesurée des grands rois, maîtres de toute l'Asie occidentale et de l'Egypte, vint échouer contre un petit pays peuplé de quelques milliers d'habitants. C'est que ce petit coin de terre, qui s'appelait la Grèce, représentait l'intelligence et la liberté, devant lesquelles reculèrent toujours la force et le despotisme. Xerxès Ier, fils de Darius, vaincu à Marathon et à Salamine, dut se borner à une guerre défensive et faire ensuite la paix avec Athènes, en attendant que, sous l'un de ses successeurs, les Grecs, guidés par le génie militaire d'Alexandre, vinssent mettre à néant le sceptre des grands rois.

Ce fut sous le règne d'Artaxerces Ier Longue-Main, successeur de Xerxès 1er, l'an 471, que se manifestèrent les premiers symptômes de décadence de l'empire.

L'Egypte, révoltée, fut réduite après une guerre opiniâtre ; la guerre de Grèce se termina par des désastres en 449. De nombreux actes de violence accompagnèrent les règnes suivants. Après quarante-cinq jours de règne, Xerxès II fut égorgé par son frère illégitime Sogdien, qui fut à son tour massacré par un autre frère illégitime, Ochus, lequel régna jusqu'en 404 sous le nom de Darius II. Celui-ci eut à réprimer les révoltes de plusieurs gouverneurs de province et dut reconnaître à l'Egypte des rois particuliers. Les troubles intérieurs de la Grèce, dans lesquels les rois de Perse intervinrent avec quelque habileté, les préservèrent, pendant quelque temps, d'une attaque générale de la part des Grecs. Artaxerces II, dit Mnémon, eut à défendre sa couronne contre son frère Cyrus, qui fut vaincu et tué à Cunaxa (401), malgré le puissant secours de 10,000 Grecs. Ochus, fils de Mnémon, affermit son trône en faisant mourir ses nombreux frères et soumit de nouveau l'Egypte en 350. Quand il eut été empoisonné avec ses fils en l'an 338, par Bagoas, le trône passa à Darius III Codoman, qui, vaincu par Alexandre le Grand dans les trois batailles du Granique, d'Issus et de Gangamèle, périt assassiné par Bessus, l'an 330 avant Jésus-Christ ; Alexandre se trouva alors maître de toute la monarchie perse.

Après la mort d'Alexandre (323 av. J.-C.), l'empire des Macédoniens fut divisé et la Perse eut pour souverains les Séleucides. A ceux-ci succédèrent, en l'an 246, les Arsacides, qui fondèrent l'empire des Parthes, lequel subsista jusqu'à l'an 229 de notre ère. A cette époque, Ardéchir-Barbekan ou Artaxerces, fils de Sassan, mécontent de la longue disgrâce dont le souverain des Parthes, avait payé ses services, se révolta et, par trois grandes victoires et la mort d'Artaban IV, mit entre ses mains le sceptre de l'Asie centrale. Toutefois, son empire était loin de comprendre toutes les provinces que la Perse avait autrefois possédées ; les Romains occupaient la Syrie et l'Asie Mineure et ils dépassaient l'Euphrate sur plusieurs points. Voulant rétablir dans son intégrité la monarchie de Cyrus, Ardéchir intima aux Romains l'ordre d'évacuer la Syrie et l'Asie Mineure ; mais ses injonctions et ses menaces tombèrent devant le courage des légions romaines ; il mourut en 238 laissant à son fils Sapor 1er le trône et l'héritage de sa haine contre les Romains. Plus heureux que son père, Sapor, profitant habilement de la honteuse anarchie qui désolait l'empire romain, vainquit d'abord Gordien, puis l'empereur Valérien, qu'il fit prisonnier, et dévasta la Syrie, la Cappadoce et la Cilicie (259). L'indigne fils de Valérien ne fit rien pour délivrer son père, et Sapor finit par faire écorcher vif l'empereur romain, dont la peau fut suspendue comme trophée dans un des temples de la Perse. Cependant le roi de Perse fut moins heureux contre Odenath, roi de Palmyre, qui rejeta les armées persanes au delà de l'Euphrate et vint assiéger Ctésiphon (261). Une diversion faite par les

Goths, qui menaçaient les possessions d'Odenath, sauva Sapor. Hormisdas 1er et Varane 1re ne firent que passer sur le trône de Perse. Ils furent remplacés par Varane II et par Narsès ou Narsi; sous ces princes, la lutte continua contre les Romains, qui, occupés déjà sur les bords du Rhin contre les Germains et affaiblis par les troubles qui bouleversaient l'empire, ne purent se montrer contre les Perses ce qu'avaient été leurs ancêtres contre Carthage. Hormisdas II régna donc tranquille de 303 à 310. L'enfance de Sapor II, proclamé roi dès sa naissance, ne fut non plus marquée par aucune guerre importante; mais, dès que ce prince fut en âge de régner, il reprit les projets des Sassanides contre les Romains; il conquit d'abord l'Arménie, dont il déposséda Chosroès (338), puis enleva l'Atropatène à l'empereur Constance. Il le vainquit ensuite dans huit grandes batailles, et c'en était fait peut-être de la domination romaine en Asie sans une invasion des Massagètes, qui obligea Sapor à abandonner subitement le fruit de ses triomphes. Vainqueur des Massagètes, Sapor revint à ses desseins interrompus, et ses nombreux succès entraînèrent la mort de Constance, dont le successeur, Julien, balança pendant quelque temps la fortune du roi de Perse. Mais, sous Jovien, Sapor reprit le cours de ses victoires et contraignit Rome à lui céder quinze places fortes, cinq provinces transtigritanes et la suprématie sur l'Arménie et l'Ibérie (364). La Perse était à l'apogée de sa puissance. Sapor mourut en 380; ses successeurs, Artaxerces II, Sapor III et Varane III, contemporains de Théodose le Grand, n'entreprirent rien contre l'empire romain. Yezdegerd Ier (399), qui régna jusqu'en 420, est remarquable entre les princes persans par la douceur qu'il montra aux chrétiens. Varane IV, son successeur, vainquit les Grecs, repoussa les Huns et rangea sous ses lois une partie de l'Arabie. Mais la puissance des rois de Perse commença à décliner sous Yezdegerd II (440-457), sous Perosès et sous Balascès. Ce dernier, vaincu par les Huns, fut contraint de leur livrer une partie de ses Etats et de leur payer tribut. Sous le règne de Cabad, une nouvelle période de grandeur et de conquêtes commença pour les Perses. Ce prince vainquit à l'Est les Indiens, au nord les Huns et obtint sur les Grecs les plus éclatants succès; il mourut en 531, laissant le trône à son troisième fils, Chosroès le Grand. Sous le règne de ce prince, le royaume de Perse s'étendit de la Méditerranée à l'Indus, du Jaxarte à l'Arabie et aux frontières de l'Egypte. Il étouffa les révoltes de son frère et de son fils. Les Lazes de la Colchide, fatigués de la domination grecque, se soumirent à lui ; mais comme il voulut les transplanter dans l'intérieur de la Perse, ils se replacèrent sous l'autorité de Justinien, dont les armes victorieuses contraignirent le roi de Perse à entamer des négociations pour la paix, qui fut enfin rendue à l'Orient (562). Chosroès mourut en 579, laissant la couronne à son fils Hormisdas III, sous le règne duquel l'empire persan commença à décliner sensiblement. Hormisdas fut complètement vaincu par les Grecs et bientôt déposé par un de ses généraux, qui plaça sur le trône Chosroès II (590). Celui-ci étendit, en 616, ses conquêtes d'un côté jusqu'à la Chalcédoine, et de l'autre à travers l'Egypte, jusqu'en Libye et en Ethiopie et enfin jusqu'à l'Yémen. Mais les armes victorieuses de l'empereur Héraclius mirent un terme à ses succès ; il reperdit toutes ses conquêtes ; son fils Siroès le fit prisonnier et l'assassina en 628. La Perse marcha alors rapidement à sa ruine au milieu de troubles incessants. Siroès fut égorgé la même année ; il eut pour successeur son fils Ardéchir ou Artaxerces III, qui périt assassiné, en 629, par son général Sarbazas, ou Schahriar. Ce dernier, avant même d'avoir pu monter sur le trône, fut renversé par les grands du pays ; et, à la suite de diverses révolutions qui se succédèrent rapidement, Yezdegerd III monta sur le trône en 632. Mais Mahomet venait de mourir en dictant pour première loi à ses prosélytes la propagation de ses doctrines par les moyens les plus expéditifs. Menacés par les musulmans, les Perses coururent à la guerre comme à une croisade, et, après un combat de trois jours livré à Cadesiah, ils furent complètement vaincus par les fanatiques partisans du Prophète. Les Arabes franchirent l'Euphrate, entrèrent dans Ctésiphon, qu'ils détruisirent, et le calife Omar reçut à Médine la couronne de Chosroès. Yezdegerd, après cette défaite, se retira dans les montagnes de Farsistan, où il tenta encore le sort des armes ;

mais, malgré les secours des Tartares et de l'empereur de la Chine, il ne put relever son empire, et mourut assassiné sur les bords du Margus, en 652.

C'est de la conquête de la Perse par les Musulmans que date l'histoire du nouveau royaume de Perse. La domination des Arabes en Perse dura cinq cent quatre-vingt-cinq années, de l'an 636 à l'an 1220; mais cette domination, affaiblie bientôt par les scissions qui se produisirent au sein de l'islamisme, ne tarda point à être purement nominale. D'une part, les gouverneurs de quelques provinces réussirent à se rendre indépendants; d'autre part, des princes persans et turcs arrachèrent à la Perse quelques-unes de ses provinces, qu'ils érigèrent en autant d'Etats particuliers. Parmi les dynasties régnantes, il faut mentionner, au N. et au N.-E. de la Perse: 1° la maison turque des Tahérides, dans le Khoraçan (820-872); 2° la dynastie persane des Soffarides, qui renversa la première et qui régna jusqu'en 902 sur le Farsistan et sur le Khoraçan; 3° les Samanides, qui, en 874, se soulevèrent sous Ahmed, dans la province de Malvaralnar, dépendance du Khoraçan, et s'y maintinrent jusqu'en 999. Ismaël, fils d'Ahmed, renversa les Soffarides et jouit d'une assez grande puissance; 4° les Gazvévides qui descendaient d'un esclave turc établi gouverneur à Ghasni par les Samanides. Le fils de cet esclave, Mahmoud, conquit le Khoraçan en 999, puis le Farsistan en 1012 et mit ainsi fin à la domination des Samanides. En 1017, il enleva l'Irak-Adjemi aux Bouides et fit aussi d'importantes conquêtes dans l'Inde. Mais son fils Maçoud perdit le Khoraçan et l'Irak-Adjemi (1037-1044), et, affaiblis en outre par des troubles intérieurs, les Gaznévides devinrent la proie des Ghourides ou sultans du Ghour ; 5° les Bouides, descendants de Bouiah, pêcheur qui faisait remonter son origine aux Sassanides, parvinrent, par leur valeur et leur habileté, à se rendre maîtres de la plus grande partie de la Perse et même de Bagdad, en 932. La plupart des princes de cette dynastie firent preuve de qualités remarquables ; mais, comme ils s'occupèrent plus de civilisation et de réformes que de conquêtes, ils ne purent se maintenir au pouvoir que jusqu'en 1056, époque où ils furent dépossédés par les Seldjoucides. Ceux-ci, dynastie turque, changèrent complètement la face de l'Asie sous Togrul-Bey, sous Alp-Arslan et sous Malek-Schah (1037-1093). Les Gaznévides ne conservèrent que les provinces orientales de leur empire ; les Bouides furent soumis et les Abbassides eux-mêmes abdiquèrent entre les mains des Seldjoucides toute leur puissance politique. L'Iran était de nouveau réuni sous une seule domination ; l'empire grec trembla pour son existence et la chrétienté songea à refouler l'islamisme. La première croisade naquit de ces terreurs. Mais l'empire des Seldjoucides ne tarda pas à se dissoudre. A la mort de Malek-Schah (1093), cinq royaumes se formèrent de son héritage ; le principal fut celui de la Perse, sous Barkiarok, qui régna jusqu'en 1105. Mohammed Ier lui succéda, et dès lors la Perse alla s'affaiblissant jusqu'au moment où les Khorasmiens, vainqueurs des Gaznévides, vinrent, en 1194, mettre fin à la dynastie des Seldjoucides. Les Khorasmiens ou sultans du Kharism durèrent bien moins encore que les Seldjoucides. Les Mongols, conduits par Gengis-Khan, le plus rapide conquérant qu'ait vu le monde, après avoir soumis toute l'Asie orientale, arrivèrent bientôt sur les limites de la Perse. Ce pays ne résista pas aux armes victorieuses de Gengis-Khan, et les Mongols s'établirent en Perse en 1225 et s'y maintinrent jusqu'en 1405. Nous ne nous arrêterons pas sur l'établissement des Mongols dans l'Iran : il suffira de dire que ces vastes contrées formèrent après Gengis-Khan un Khanat particulier, d'abord vassal du Kan suprême, qui résidait en Chine, mais qui ne tarda pas à se rendre indépendant en 1250. Les plus illustres parmi ces souverains de l'Iran, furent Houlagou (1258-1265) et Abaka (1265-1282), qui sut repousser toutes les attaques nouvelles des Tartares. Les dissensions intestines qui déchirèrent le Khanat de Perse pendant plusieurs années, affaiblirent le pays et le livrèrent sans force aux attaques d'un nouveau conquérant, le fameux Timour ou Tamerlan, qui arriva, en 1387, à la tête d'une nouvelle horde de Mongols ; mais,

la mort de ce prince redouté (1405), la puissance des Mongols déchut en Perse, où les Turcomans devinrent alors prépondérants. Ceux-ci y fondèrent la dynastie du *Mouton-Noir* (1407), ainsi nommée parce qu'un mouton noir était représenté sur ses étendards ; ils furen successivement gouvernés par Eskander et Géangir (1435-1468). Mais, en 1468, ces premiers Turcomans furent vaincus par d'autres hordes turcomanes, commandées par Ouzoun-Hacan, le fondateur de la dynastie du *Mouton-Blanc*. C'est sous ce prince que commença la célèbre lutte des Turcs-Ottomans et des Perses. Des haines religieuses se joignirent aux haines politiques pour armer ces deux peuples l'un contre l'autre ; les Perses étaient chiytes et les Turcs sunnites. Mohammed II vainquit les Perses à Kara-Hissar (1473) et mourut sept ans après, au moment d'envoyer une nouvelle armée contre les Perses, qu'il voulait soumettre. La dynastie du Mouton-Blanc fit bientôt place à celle des Sofis, fondée par Ismail Ier en 1499 et qui dura jusqu'en 1722. Ismaïl, dont le grand-père prétendait descendre d'Ali, sut faire du fanatisme un instrument de sa politique ; il enleva aux Turcomans (1505-1508) l'Aderbidjan et une partie de l'Arménie, égorgea deux de leurs princes et, après plusieurs autres conquêtes, fonda sur les débris de leur empire, un royaume qui comprenait l'Aderbidjan, le Diarbékir, le Farsistan et le Kerman ; il prit le titre de Schah et répandit la doctrine chiyte dans toutes ses possessions. Les premiers de ses successeurs soutinrent des guerres malheureuses contre les Turcs et les Ouzbecks. Ce fut seulement Abbas Ier le Grand (1587-1629) qui, par ses victoires, rendit à la Perse son ancienne puissance. Il enleva aux Turcs l'Arménie, l'Irak-Arabi, la Mésopotamie, les villes de Tauris, Bagdad et Bassora; aux Portugais, Ormaz; Kandahar aux Mongols, et châtia la Géorgie qui avait refusé de lui payer tribut. Il rétablit en Perse un gouvernement régulier, fixa sa résidence à Ispahan et, par sa justice, sa tolérance, ses encouragements aux arts, à l'industrie et au commerce, rendit au royaume de Perse son ancien éclat. Sous ses successeurs, Séfi (1629) et Abbas II (1642), la Perse fut en guerre contre les Turcs, qui lui enlevèrent Bagdad, et contre quelques princes de l'Inde à cause de Kandahar, dont elle parvint à s'emparer de nouveau en 1660. Sous le règne de Soliman (1666-1694), le royaume perdit toute son énergie et, sous Hussein (1694-1722), sa décadence fut complète. Aux maux de l'anarchie intérieure vinrent se joindre les invasions étrangères, Mahmoud, le fils de Mir-Veis, chef des Afghans révoltés, conquit tout le royaume, détrôna Hussein (1722) et fut renversé lui-même par Aschraf en 1725. Les Turcs profitèrent de ces dissensions pour conquérir Tiflis, Erivan, Tauris et les provinces voisines, en un mot, tout l'ouest du royaume. De leur côté, les Russes, gouvernés alors par Pierre-le-Grand, franchirent le Caucase et s'établirent dans le pays de Derbend, dans le Ghilan et dans le Chirvan (1722).

Tous ces désastres furent cependant réparés par Nadir-Kouli-Khan, simple pasteur du Khorassan, qui, de chef de brigands, devint chef d'armée et remplaça sur le trône le fils d'Hussein, Thahmasp II (1729). Celui-ci, après quelques défaites, ayant cédé aux Turcs la Géorgie et l'Arménie reconquises par Nadir, fut détrôné et remplacé par son fils encore mineur, Abbas III (1732). Nadir reprit aux Russes et aux Turcs les provinces qui leur avaient été cédées, et, à la mort d'Abbas III, arrivée en 1736, il monta lui-même sur le trône sous le nom de Nadir-Schah. Une nouvelle dynastie commença à son avénement.

Ce prince, tranquille du côté des Russes et des Turcs, tourna ses armes vers l'Est, contre les Afghans et les Mongols. Il soumit d'abord les Afghans, dont il ruina la capitale, Kandahar, puis attaqua et vainquit le Grand Mogol, Mohammed-Schah, qui céda alors au roi de Perse toutes les provinces de ses Etats situées à l'Ouest de l'Indus (1739). Les résultats de cette victoire furent immenses. On évalue à plus de 2 milliards le butin que les Perses enlevèrent aux malheureuses contrées de l'Inde. Nadir, insatiable comme tous les conquérants, porta ensuite ses regards sur le Nord-Est ; il soumit les Ouzbecks, les Lesghis, Khiva et Boukhara ; il avait ainsi presque doublé l'empire persan par ses conquêtes. A ses qualités de conquérant, Nadir joignait celles d'administrateur habile. Cependant l'admiration passionnée que ses peuples lui avaient d'abord témoignée se changea bientôt en aversion à cause de sa cruauté et de son avarice ; il fut assassiné en 1747. Ses funérailles furent sanglantes. Son armée, divisée en plusieurs partis, ne cessa de combattre jusqu'au moment où Ali-Kouli-Khan, neveu de Nadir, s'empara du trône, qu'il ne conserva pas même une année entière : il fut renversé par son frère Ibrahim. La guerre civile recommença aussitôt. Les gouverneurs de province prétendirent tous s'ériger en souverains indépendants : Ibrahim, ne pouvant tenir tête à de si nombreux ennemis, succomba dans la lutte. Un des généraux les plus distingués du vieux Nadir, Ali essaya de régner au nom d'un jeune enfant, Ismael, prétendu petit-fils de Schah-Hussein. Deux ans après, il fut lui-même remplacé par Kerim-Wakil, qui réussit du moins à rétablir un peu de tranquillité ; mais il ne put conserver l'intégrité de l'empire : la Géorgie s'érigea en royaume particulier, dont les Russes se constituèrent les protecteurs. Kerim ne put achever paisiblement sa vie, en 1779, qu'au prix de ce sacrifice et de quelques autres qui diminuaient sensiblement l'étendue de l'empire de Nadir. C'est du règne de ce prince, qui prit pour résidence Chiraz, que date la décadence complète d'Ispahan. La mort de Kerim devint l'occasion de nouveaux désordres entre ses frères et ses fils. Mais, tandis que la famille de Kerim s'affaiblissait ainsi par des prétentions rivales, l'eunuque Mohammed se déclara indépendant dans le Mazenderan, et l'empire se divisa encore en deux partis, les Kourdes, ou partisans de Kerim, les Khadjars, ou partisans de Mohammed. La lutte fut terrible : elle se termina par le triomphe des Khadjars. Mohammed, qui méritait d'ailleurs sa haute fortune, survécut peu à son triomphe. Il mourut en 1797, après avoir désigné pour successeur son neveu, qui monta sur le trône sous le nom de Feth-Ali-Schah. Celui-ci après avoir réprimé les révoltes de quelques prétendants, se hâta de transporter sa résidence à Téhéran, afin de se trouver au milieu de sa tribu et de mieux observer les mouvements de la Russie. Il était évident que les czars, arrêtés dans leurs conquêtes à l'Occident, maîtres de la mer Noire et du pays de Derbend et protecteurs de la Géorgie, tendaient à s'agrandir aux dépens de l'Orient, où ils rencontraient des résistances moins redoutables et surtout des idées moins dangereuses pour leur despotisme. Feth-Ali entreprit de les arrêter ; mais il n'y réussit pas. La première année de son règne, il fut contraint de renoncer au Derbend et à tout le pays jusqu'au Kour ; en 1802, comme il voulait soumettre la Géorgie, il dut encore reculer devant les Russes. En vain s'unit-il à Napoléon 1er (1805-1807), puis à l'Angleterre ; il fut complètement battu, et le czar Alexandre l'obligea à signer le désastreux traité de Gulistan, par lequel Feth-Ali renonçait à toutes ses prétentions sur la Géorgie et à tous les pays voisins de la mer Caspienne, où le pavillon russe put flotter librement. C'est de ce moment surtout que datent les rapides progrès de la Russie en Asie. La mort d'Alexandre et les troubles qui accompagnèrent l'avénement de Nicolas 1er parurent présenter au Schah une heureuse occasion de réparer les revers qu'il avait subis. Il envahit les possessions russes, s'avança jusqu'à Elisabethpol, en faisant révolter sur son passage toutes les populations qui détestaient la domination moscovite. Mais Feth-Ali s'était trompé et sur l'importance des troubles qui agitaient la Russie et sur la valeur de ses soldats. Forcé à la retraite après plusieurs défaites, il eut la douleur de voir l'armée russe entrer dans Tauris (1827), sous la conduite de Paskewitch, et de signer, le 22 février 1828, le traité de Tourkmontchaï, par lequel il abandonnait aux Russes tout l'Erivan et le Nakhchivan, outre les frais de la guerre, qui s'élevaient à 18 millions de roubles. Après la signature de ce traité, les Persans indignés massacrèrent à Téhéran, l'ambassadeur russe, sa famille et ses domestiques; mais ces témoignages de haine impuissante n'aboutirent qu'à forcer Feth-Ali à des démarches humiliantes près de Nicolas, qui voulut bien excuser les emportements criminels de la populace et continuer à Feth-Ali son amitié peu désintéressée. La Perse se trouvait désormais à la merci des Russes. Feth-Ali ne fut pas plus heureux à l'Est de son empire; vainement il essaya de faire rentrer Kaboul sous ses lois: vainement il tenta de conquérir Hérat; les démembrements de l'empire de Nadir se maintinrent et Feth-Ali mourut en 1834, laissant le trône à son fils Abbas-Mirza, qui ne fit que passer et fut remplacé par Mohammed-Schah (1833-1848). La Perse, désormais livrée aux influences russes et britanniques, n'est plus, depuis quelques années, qu'un champ de bataille où les cabinets de Pétersbourg et de Londres se livrent des combats diplomatiques, jusqu'au moment où ils échangeront les armes de la diplomatie contre des armes plus meurtrières. Toutefois, les efforts tentés par le Schah régnant, Nasser-Ed-Din, fils de Mohammed, afin de régénérer son pays en le faisant participer à la civilisation occidentale, pourraient bien s'opposer aux prétentions rivales de ses ambitieux voisins.

Quelques faits importants ont marqué le règne de Nasser-Ed-Din : un soulèvement des sectateurs du babysme, étouffé dans le sang et avec une cruauté impitoyable (1852) ; la même année, un soulèvement politique du Koraçan, qui proclama son indépendance et que les Afghans, profitant de la circonstance, essayèrent de subjuguer. Cette tentative fut le prétexte d'une expédition des Persans contre les Afghans dont la capitale, Hérat, tomba en leur pouvoir ; les Anglais les forcèrent à renoncer à leur conquête. En 1856, l'occupation de Hérat par les Russes motiva encore l'intervention anglaise ; après s'être emparés de Buschir, les Anglais marchèrent sur Téhéran et ne furent arrêtés que par la prompte conclusion d'un traité de paix (1857). Le voyage du Schah à Saint-Pétersbourg, à Londres, à Paris, et à Vienne (1873) a depuis resserré les relations de la Perse avec l'Occident.

DYNASTIES ET SOUVERAINS

DE LA

PERSE ANCIENNE ET MODERNE

Dynastie fabuleuse

PICHDADIENS OU KAÏOMARIENS

Johâk, vers 800 av. J.-C.
Féridoun, postérieurement à cette date.

ACHÉMÉNIDES OU KAÏANIDES.

Av. J.-C.

Cyrus............. 536
Cambyse.......... 530
Smerdis, le Mage.. 523
Darius Ier, fils d'Hystaspe........... 521
Xerxès Ier.......... 485
(Artaban)......... 472
Artaxerce Ier, *Longue Main*....... 471
Xerxès II....... .. 424
Sogdien........... 424
Darius II, *Nothus*.. 423
Artaxerce II, *Mnémon*............ 404
Ochus............. 362
Arsès............. 338
Darius III, *Codoman*. 336
Alexandre Ier, le Grand...... 330-323

Intervalle de 322 av. J.-C. à 226 après J.-C., rempli par les dynasties des *Séleucides* et des *Parthes* ou *Arsacides*.

SASSANIDES.

Ardéchir ou Artaxerce........... 226
Sapor Ier.......... 238
Hormisdas Ier..... .. 271
Varane ou Bahram Ier............... 273
Varane II.......... 276
Varane III......... 293
Narsès............ 293
Hormisdas II...... 303

Sapor II...........	310
Artaxerce II.......	380
Sapor III..........	384
Varane III.........	389
Yezdegerd Ier......	389
Varane IV..........	420
Yezdegerd II......	440
Perosès Ier ou Firouz	457
Balascès	484
Cabad	491
Chosroès-le Grand.	531
Hormisdas III.....	579
Chosroès II.......	590
Siroès	628
Adeser	629
Sarbazas ou Schahriar	
Tourandokht, reine.............	
Kochanchdeh......	632
Arzoumidokht, reine.............	
Chosroès III.......	
Perosès II.........	
Faroukzad	
Yezdegerd III..	632-652

Concurremment avec les califes, mais sur quelques points seulement : 1° *Tahérides* (820-872) ; 2° *Soffarides* (872-902) ; 3° *Sassanides* (902-999) ; 4° *Bouïdes de l'Irak-Adjémi* (932-1058) ; 5° *Bouïdes du Fars* (932-1039).

GAZNÉVIDES EN PERSE ET INDE.

Alp-tékin..........	973
Mahmoud	997
Maçoud	1028

SELDJOUCIDES DE PERSE.

Togroul Ier ou Togrul-Beg........	1038
Alp-Arslan.........	1064
Malek-Schah	1072
Barkiarok.........	1093
Mohammed Ier.....	1105
Sandjar...........	1115
Mahmoud Ier......	
Maçoud...........	
Mohammed II....	
Mahmoud II.......	1158
Soliman-Schah	1160
Arslan-Schah......	1161
Togroul II....	1175-1194

Les Sultans du Kharism (1187-1225)

GRANDS KANS MONGOLS.

Gengis...........	1225
Oktaï...........	1229
Kaïouk...........	1242
Mangou..........	1250

KANAT MONGOL D'IRAN.

Houlagou	1258
Abaka	1265
Ahmed...........	1282
Argoun	1284
Kandjatou........	1290
Baïdou..........	1294
Casan ou Haçan...	1295
Aldjaptou.........	1304
Abousaïd.........	1317

Anarchie (1335-1360)

ILKHANIENS.

Hassan-Bouzrouk-

Hekkhan........ 1336
Avéis Ier.......... 1356
Ahmed Gésaïr ou Avéis II.... 1381-1390

Turcomans

Dynastie du Mouton-Noir.

Eskander.......... 1407
Géangir........... 1435

Dynastie du Mouton-Blanc

Ouzoun-Haçan..... 1468
Yécouf............ 1478
Djoulaver......... 1485
Baysingir......... 1488
Roustam........... 1490
Ahmed............ 1497
Alvant............ 1497

Sofis.

Ismaïl Ier........... 1499
Thamasp Ier....... 1524
Ismaïl II.......... 1576
Khodavend....... 1577
Hamzah ou Mir-Hamzea............. 1585
Ismaïl III.......... 1585
Abbas le Grand... 1587
Séfi............... 1629
Abbas II.......... 1642
Soliman II........ 1666
Hussein...... 1694-1722
Mahmoud......... 1722
Aschraf........... 1725
Thamasp II....... 1729
Abbas III....... ... 173s

De la chute des Sofis a l'époque actuelle.

Nadir-Schah....... 1736
Ali-Kouli-Khan.... 1747
Ibrahim........... 1747
Ismaïl-Schah (en titre)........ 1747-1761
Mais sous son règne : Ali-Merdan, Azad, Mohammed-Haçan.
Kerim-Wakil. 1761-1779

Guerre civile (1779-1794

Dynastie des Kadjars.

Aga-Mohammed-Khan........... 1794
Feth-Ali-Schah.... 1796
Mohammed-Schah. 1796
Nasser-Ed-Din-Schah 1848

Langue.

La langue persane est naturellement classée dans le groupe des idiomes iraniens, famille indo-européenne. Le persan est dérivé du pehlvi et du parsi ; il s'est formé, durant la longue domination des Arabes en Perse, du mélange de l'idiome de ces derniers et de plusieurs mots turcs avec le parsi. La langue persane est, comme nous l'avons dit plus haut, la langue des Tadjiks, habitants indigènes de la Perse, qui forment encore la masse principale de la population dans le Farsistan, le Kerman l'Aderbidjan, le Sistan et le Khoraçan, et qui sont plus ou moins nombreux dans l'Irack, le Mazenderan, le Kouhistan, le Kandahar et autres provinces de cette région. Cette langue est aussi parlée dans une grande partie de l'Inde, où elle est très-commune parmi les mahométans, surtout dans les provinces d'Agra et d'Aurengabad ; de plus, elle est encore usitée dans les documents publics, dans les archives des tribunaux et les registres relatifs aux finances dans les provinces qui formaient le vaste empire du Grand-Mongol. Le persan est, avec l'arabe, la langue littéraire, non-seulement de tous les Tadjiks, mais aussi des autres peuples mahométans qui vivent dans les royaumes de Perse et de

Caboul, dans le Béloutchistan, dans les deux Boukharies et dans la Tartarie.

Le persan se rapproche plus qu'aucune autre langue orientale des langues germaniques. Aussi est-ce par lui que les philologues allemands ont commencé à renouer la filiation asiatique de leur idiome. Le grand Leibnitz allait jusqu'à prétendre qu'un Allemand, avec le seul secours de sa langue maternelle, pouvait comprendre les vers des anciens poëmes persans, et, de nos jours, M. de Hammer a dit que ce n'est que sur une connaissance exacte de la langue persane que l'on donne une base solide à l'édifice de l'étymologie de l'allemand et des autres langues germaniques.

L'alphabet persan est le même que celui des Arabes, seulement on y a ajouté quatre caractères (*pe, che, zhe, gaf,*) pour représenter des sons particuliers aux Persans. Il est composé de trente-deux lettres, plus trois points-voyelles. Tous ces caractères s'écrivent de droite à gauche. La grammaire distingue seulement trois parties du discours : le *verbe*, le *nom* et la *particule* ; mais le nom comprend sous une seule dénomination le *substantif*, l'*adjectif*, et le *pronom*, et la particule comprend, de son côté, l'*adverbe*, la *conjonction*, la *préposition* et l'*interjection*. Les formes grammaticales sont d'une extrême simplicité. Le substantif n'a point de désinence qui distingue le genre. Pour exprimer le masculin ou le féminin, on fait précéder ou suivre le substantif du mot *nur* (un mâle) ou *madu* (une femelle); ainsi on dit : *usp nur*, un cheval hongre, un étalon ; *usp madu*, une jument, une cavale ; *nur gao*, un taureau ; *madu gao*, une vache. Le persan a deux nombres, le singulier et le pluriel. La marque du pluriel est *an* pour les animaux et *ha* pour les noms de choses inanimées. Par exemple : *murdoom*, l'homme ; *murdoom-an*, les hommes ; *zun*, la femme ; *zun-an*, les femmes ; *usp*, le cheval ; *usp-an*, les chevaux ; et *zur*, la monnaie, *zur-ha*, les monnaies ; *goohur*, un bijou, *goohur-ha*, des bijoux. Dans la déclinaison, l'accusatif et le datif seuls sont indiqués par la particule *ra*, ajoutée au nominatif : *pidur*, un père ; *pidur-ra*, un père ou à père. L'adjectif est toujours invariable sous le rapport du genre et du nombre, mais il marque le degré de comparaison. La particule *tur* est le signe du comparatif et la particule *tureen* est celui du superlatif. Exemple : *killan*, gros ; *killan-tur*, plus gros ; *killan-tureen*, le plus gros. L'article défini n'est point usité en persan. Cette langue peut, à la manière des langues sémitiques et du turc, remplacer par de simples affixes les adjectifs possessifs. Les grammairiens persans rangent les verbes sous onze classes, selon les formes que présente l'aoriste. La conjugaison, très-riche en temps, est pauvre en modes, n'ayant que l'indicatif ; elle exprime le conditionnel et le subjonctif par des particules ajoutées à l'indicatif. Les verbes persans sont tous renfermés dans une seule conjugaison, ou du moins un seul de leur temps, le prétérit, est susceptible de prendre dans les différentes classes des flexions différentes. Les terminaisons des autres temps dans les verbes attributifs ne sont que le verbe substantif, le plus souvent contracté mais aussi quelquefois conservé dans son intégralité. Dans la formation des temps secondaires de la voix active, le persan emploie un système d'auxiliaires tout-à-fait analogue à celui des Allemands et des Anglais.

La syntaxe est simple et naturelle dans la langue persane, et, chose remarquable, les nombreux idiotismes de cette langue se traduisent littéralement par autant d'idiotismes germaniques. Le vocabulaire persan ne compte pas plus de 20,000 à 23,000 mots, dont 1,500 se retrouvent dans le zend et environ 4,000 en allemand. Le persan, comme le sanscrit, le grec, l'allemand, etc., peut former des composés de toute espèce par la seule juxtaposition des radicaux.

On distingue dans le persan, sous le rapport de la pureté, deux principaux dialectes : le *déri* et le *valaat*.

Le *déri*, parlé jadis à la cour d'Ispahan, est la langue écrite et parlée par toutes les personnes qui se piquent de politesse et d'instruction. De vieilles chroniques racontent ainsi la formation de ce dialecte : Behmen, fils d'Isfendiar (Artaxerce Longue-Main), chargea des savants de régulariser la langue et de fixer la partie la plus épurée du langage usuel pour en faire l'idiome de la cour. Sous la dénomination de déri, cet idiome fut durant longtemps le seul dont l'usage fût permis dans le palais du monarque à Ispahan.

Le *valaat* est la langue vulgaire ; il comprend un grand nombre de dialectes, dont la plupart sont encore peu connus. Parmi ces dialectes, on distingue le *tatt*, le *boukhare*, le *dehwar*, le *mazendéran*, l'*aderbidjan*, ou *tabéristan* et l'*indien*. Le *tatt* est parlé dans les environs de Bakou et de Lenkoran, dans le Daghestan, dans la région du Caucase. Le *boukhare* est la langue propre des Boukhares, habitants indigènes de la Grande-Boukharie, dans le Turkestan indépendant, et de la Petite-Boukharie, dans le Turkestan chinois, où ils vivent dans les villes au milieu des peuples turs, qui les appellent *Sarty*. Les Boukhares sont aussi répandus dans les villes de Kasan, Tobolsk, Tara, Tomsk, etc., à Kiakta, dans l'empire Russe, dans plusieurs villes du Chansi, du Chensi et d'autres provinces de la Chine, ainsi que dans celles du Thibet, de l'Inde et de l'Indo-Chine. Le *dehwar*, est parlé par les Dehwars ou Dehkans, établis dans une grande partie du district de Kélat, dans le Béloutchistan, et répandus dans plusieurs endroits des royaumes de Caboul et de Perse. Dans le Caboul, on les trouve en plus grand nombre dans le Sud-Est de Sistan, où ils vivent régis par un Kan ; dans la Perse, ils habitent le district de Narmanschihr et une partie du Moghistan, dans la vaste province de Kerman. Le Dehwar paraît former l'anneau qui unit le Persan au Belouche, auquel il ressemble beaucoup. Le *mazendéran* et l'*aderbidjan* sont en usage dans les provinces qui portent ces noms dans le royaume de Perse. Enfin le dialecte persan de l'Inde est parlé dans cette région par un grand nombre d'individus. On y remarque plusieurs variétés. Celle des Perses de Surate est moins mêlée de mots arabes que les autres dialectes persans, et elle se distingue par quelques expressions particulières et par sa prononciation plus articulée, plus franche et plus précise que la prononciation persane.

Nous citerons pour mémoire les dialectes suivants, dont les auteurs persans font mention : le *soghdy*, usité jadis dans la Sogdiane et le pays de Samarkand ; le *herovy*, dans le territoire de Hérat ; le *mérouzy*, dans le pays de Mérou, l'ancienne Margiane ; le *zawely*, dans le Kandahar, appelé aussi Zawelistan, le *Sagzy*, dans Sedjestan ; le *Kouzy*, dans le Kouzistan et l'*Adery*, dans l'Aderbidjan. Tous ces dialectes se sont éteints depuis longtemps.

On désigne sous le nom de *Vieux-Perse* l'ancienne langue de l'Iran, langue dérivée du zend et qui, en s'altérant par le contact des idiomes sémitiques, a donné naissance au pehlvi et plus tard au parsi. Il appartient au groupe iranien de la famille indo-européenne.

Le système des voyelles est moins développé dans le vieux perse qu'en sanscrit ; il se réduit à trois : *a*, *i*, *u*, et la prédominance de l'*a* révèle l'existence d'une liaison primitive entre cette voyelle et chaque consonne, comme cela s'observe en sanscrit. D'ailleurs, il n'y a qu'une voyelle qui puisse être longue, et cette voyelle c'est l'*á*, et il n'existe point de diphthongue. La série des consonnes est moins complète qu'en sanscrit; les gutturales abondent; mais on n'observe pas cette fréquence de nasales si caractéristique dans les langues de la presqu'île gangétique. Les lettres cérébrales, qui forment un des traits phonétiques du sanscrit, sont inconnues au vieux perse. On ne retrouve dans cet idiome le *bh*, si usité dans la langue du *Mahabarata*, ni le *l* voyelle; enfin les accumulations de consonnes y sont moins fréquentes qu'en zend. C'est également une langue morte.

Littérature.

La littérature persane, qui eut un si long et si complet développement, devrait, plus que toute autre, être riche en monuments de tous genres; mais lorsque les Arabes conquirent la Perse, au VIIe siècle de notre ère, ils détruisirent, avec un acharnement sans exemple, tout ce qui pouvait rappeler l'antique splendeur du peuple vaincu, ses poëmes nationaux, ses livres religieux, ses grands ouvrages historiques. Quelques-uns seulement de ces monuments survécurent; ce sont les livres zends qui furent sauvés de la destruction générale par le zèle des Parsis, dont ils étaient la bible; ils constituent à eux seuls toute l'antique littérature de la Perse.

Au Xe siècle, sous la dynastie des Sassanides, la poésie reprit faveur; alors parut Roudegui, traducteur de

Calila et *Damna*; Balami, auteur d'une version persane de la *Chronique arabe* de Tabari. Sous les Gaznévides florissait Ferdoucy, l'un des plus illustres poëtes persans, qui écrivit pour Mahmoud (997-1028) le célèbre *Schâh-Nâmeh*, recueil immense de traditions et de légendes nationales, embrassant un cycle de près de quarante siècles. Vinrent ensuite Anwari, connu surtout pour ses poésies lyriques (1150); Nisami, auteur de cinq grandes épopées réunies sous le titre de *Chamsse*; Chakàni, Ferid-Ed-Din-Attar, autres poëtes lyriques (XIIe siècle); Djellàl-Ed-Din-Rumi, que l'on regarde comme le plus grand poëte religieux de la Perse; Saadi, Hafiz, Djami, célèbres par leurs vers fleuris, leurs conceptions gracieuses, et qui représente l'époque d'épanouissement de la poésie persane (XVe siècle); Feisi, qui translata au siècle suivant de grands épisodes du *Mahabhârata*, clôt cette ère glorieuse. Dans la période moderne et pour ainsi dire contemporaine, ont été composées de vastes épopées sur le modèle du *Schâh-Nâmeh* de Ferdoucy : c'est, entre autres, le *George-Nâmeh*, qui raconte la conquête de l'Inde par les Anglais; il y a eu de plus, dans tous les siècles, un vaste courant de poésie populaire qui n'est pas indigne d'attention.

M. A. Chodsko a recueilli les plus curieux morceaux de ces poëtes anonymes ou inconnus dans ses *Specimens of the popular poetry of Persia* (Londres, 1822). Les poëtes persans nous sont d'ailleurs connus par d'excellentes traductions françaises. Le *Schâh-Nâmeh* a été traduit par Jules Mohl (Paris, 1838-1855, 4 vol. in-8°); le *Pend-Nâmeh* de Ferid-Ed-Din-Attar, par Silvestre de Sacy (1819, in-8°), et le *Mantik-Uttair* (*Langue des oiseaux*), du même poëte, par Garcin de Tassy, 1858, in-8°).

La littérature dramatique persane est assez considérable. M. A. Chodsko a analysé quelques-unes des plus anciennes pièces dans ses *Etudes sur la littérature dramatique des Persans* (Paris, 1844, in-8°). Ces pièces ont quelque rapport avec nos anciens mystères. Les contes persans ont depuis longtemps une grande renommée; les plus copieux recueils sont: le *Behâri-Danish* (*Printemps de la sagesse*), d'Inajet-Allah, que Scott a traduit en anglais (1799, 3 vol. in-8°): le *Tuti-Nâmeh* (*Livre du perroquet*), traduit en Anglais par Hadley, et le *Baktijar-Nâmeh* (*Prince-Baktijar*), traduit en anglais par Ousely (Paris 1839).

Parmi les grands ouvrages historiques, nous citerons: l'*Histoire des Mongols*, de Raschid-Ed-Din (1320), traduite en français par Quatremère (Paris, 1836); l'*Histoire de Timour*, de Scherif-Ed-Din-Jeddy, traduite par Fétis de La Croix (Paris, 1734); l'*Histoire Universelle* de Mirkhond (xv° siècle), vaste travail dont Defrémery, Wilken Sacy, Jourdain, Wullers et Jaubert ont extrait et traduit, soit en français, soit en allemand, l'histoire complète de certaines dynasties; l'*Histoire de l'Inde*, par Férichta, traduite en anglais par Briggs (1829), 4 vol. in-8°); l'*Histoire des Afghans* de Neamet-Ullah, traduite en anglais par Dorn (1829, 2 vol. in-8°); l'*Histoire de l'Inde* (1705-1782), par Gholam-Hussain-Khan, traduite en anglais par Brydges (Londres, 1833). Un grand nombre d'autres ouvrages sont inconnus en Europe, faute d'avoir été analysés ou traduits.

Beaux-Arts.

C'est par erreur que le comte de Caylus, dans ses recherches sur l'art persan, a accordé aux monuments de la Perse une certaine parenté avec ceux de l'Egypte, tandis qu'ils ont au contraire, ainsi que ceux de la Médie, la plus grande affinité avec ceux de l'Assyrie.

Le fait a été parfaitement constaté par MM. Botta et Place dans les ouvrages qu'ils ont publiés sur la découverte de ces monuments; ils donnent pour cause de cette ressemblance l'extension de la domination assyrienne sur une grande partie de l'Iran. C'est en Médie qu'on trouve les instructions antérieures à Cyrus; le fameux palais d'Ecbatane, aujourd'hui Hamadan, était bâti sur une hauteur et entouré de sept enceintes de couleurs différentes, contenant, entre autres, le palais proprement dit et un temple d'une grande magnificence. Le château de Suse, appelé par les Grecs *Memnonia*, était, paraît-il, d'architecture babylonnienne. On peut citer encore en Perse le palais des Achéménides et le tombeau de Cyrus à Pasagarde, et le fameux palais de Persépolis. Quant à l'architecture moderne de la Perse, on ne peut contester l'originalité des palais et des mosquées construits par les Persans actuels. « Les Persans, dit Chardin, appellent leurs temples *Mesdjidi*, terme arabe qui vient d'un verbe qui signifie *adorer* et aussi *prosterner*, duquel nous avons fait le nom de *mosquée*, que nous donnons aux églises des mahométans. D'ordinaire, ces édifices consistent en une nef couverte en dôme, en des portiques sur les ailes et aux côtés du portail et en une cour au milieu, avec plusieurs bassins d'eau pour l'exercice des ablutions légales. On voit aux grandes mosquées deux ou quatre aiguilles s'élever au-dessus de la nef au lieu de clochers, avec des galeries autour du chapiteau, pour appeler de là à la prière, parce que les mahométans ne se servent point de cloche ni d'aucun instrument sonore dans les offices divins, disant que Dieu n'agrée que la voix de l'homme dans le culte.

Mais, comme on est jaloux des femmes, en Perse, au-delà de ce qui se peut dire, on ne souffre point que ceux qui appellent à la prière montent si haut, parce qu'ils verraient les femmes dans leurs logis, qui sont toujours ouverts de quelque côté, ou dans leurs jardins. Ainsi, ces aiguilles ne servent que d'ornements, et l'on n'en fait même plus guère aujourd'hui. On fait en place, sur les plates-formes de la mosquée, une petite loge ouverte de tous côtés, d'où se fait l'exhortation publique. Il faut observer que les portes de ces tours, ou aiguilles ou plates-formes, regardent toujours du côté où est La Mecque. Les mosquées de Perse sont ornées de mosaïques, avec plusieurs inscriptions; mais les figures ou représentations des choses animées en sont bannies, autant la figure d'un oiseau que celle d'un homme. La nef est toujours tournée du côté de La Mecque et, au fond de la nef, il y a une table de marbre ou quelque autre marque semblable, pour montrer que c'est là l'endroit où il faut arrêter ses regards pour les avoir tournés vers La Mecque : c'est ce qu'on appelle *Mihrab* ; et, sur le bord de la nef, il y a une chaire de prédicateur, plus basse que dans nos églises et fort simple, ressemblant à un fauteuil. On l'appelle *member*, c'est-à-dire trône. »

Musique.

La musique, en Perse comme dans tout l'Orient, consiste en une disposition de sons isolés, séparés par des intervalles agréables à l'oreille et réglés par le mouvement des timbales et du tambour. C'est au IXe siècle de l'hégire (XVe siècle de notre ère) que l'art musical fut surtout cultivé en Perse; pendant ce siècle, plusieurs maîtres, soit persans, soit arabes, ont écrit sur la musique, et leurs ouvrages sont parvenus jusqu'à nous. Le plus estimé de tous est celui d'Aboulnefe. Les Persans notent les sons contenus dans leur système par des lettres qui ont la valeur des nombres ; et ce système musical est enfermé entièrement dans le nombre 40, qui contient deux octaves et près de deux tons.

Cette musique roule sur douze modes principaux, appelés *pères modes* ; chacun d'eux possède deux modes collatéraux, l'un à l'aigu, l'autre au grave, ce qui porte à trente-six le nombre de ces modes.

Les Persans, ainsi que les Grecs et les autres peuples de l'Orient, attribuent à chacun de leurs modes un caractère particulier.

Le *rast*, le *nava* et l'*ochag* sont propres à la guerre et animent les soldats. Les musiciens tartares, turcs, éthiopiens, etc., dont l'humeur est belliqueuse et sauvage, ne chantent guère que sur ces modes. Les Persans chantent sur ces mêmes modes les airs du *Schâh-Nâmeh*, histoire des anciens rois de Perse, remplie d'actions héroïques et de faits d'armes.

Les trois modes *bouselik*, *huseini* et *ispahan* sont l'apanage des grands musiciens ; les compositeurs s'en servent pour les morceaux difficiles dans leur art.

Les modes *hidgaz*, *zenghoule* et le mode *babylonien*, sont joyeux et servent pour les festins et les noces. On les mêle aux modes guerriers quand le succès a couronné une entreprise. On dit que Schah-Abbas, roi de Perse, fut guéri par un concert, sur le mode *babylonien*, d'une maladie mortelle que lui avait causée la mélancolie.

Les trois modes *buzurk*, *zirefkend* et *rahouy* sont tristes. Les Turcs s'en servent pour les romances d'amour et dans leurs prières pour les morts. Les vingt-quatre modes collatéraux sont à peu près de la même nature que ceux dont ils dérivent.

La mesure est appelée *eycaa* ou combinaison. Les Orientaux en ont de vingt-huit sortes. On la bat sur deux petites timbales de cuivre, longues d'un pied, avec des bâtons de buis nommés *nagarat*, ou bien sur un instrument pareil au tambour de basque, qu'ils appellent *daïré* ou *def*, et qu'ils battent avec les mains.

Le temps *a* est le plus bref de tous, c'est-à-dire qu'il est impossible de compter un autre temps entre deux temps a, et c'est par le nombre d'*a* qui entrent dans une mesure qu'elle se compte ; b vaut deux a ; c en vaut trois ; *d* en vaut quatre ; *e*, qui en vaut cinq, est le plus long de tous.

Les temps qui se battent de la main droite sont appelés *dum* et se notent ainsi x. Ceux qui se battent de la main gauche sont appelés *tek* et se notent v. Quand on bat de suite deux temps *c*, renfermés entre trois chocs, dont les deux premiers se battent, l'un de la main droite et l'autre de la main gauche, on les appelle *teya* et on les note par une petite ligne horizontale; —

a correspond à peu près à notre double croche;

b à notre croche;

c à notre noire;

d à notre blanche;

e à notre ronde.

De même que l'on compte vingt-huit sortes de mesures, de même il existe vingt-huit manières différentes de battre la mesure, action que les Orientaux désignent par le mot de *circulation*. Quand les musiciens levantins donnent une chanson à apprendre, ils écrivent seulement au-dessus sur quelle circulation elle doit être chantée, jugeant inutile de marquer la valeur des notes quand on sait par cœur toutes les circulations.

Pour qu'un concert, en Perse, réunisse toutes les conditions de régularité possibles, il faut qu'il se compose au moins de six sortes d'instruments, savoir : l'*aoud* ou *oud*, luth; les *nays*, flûtes; le *nefir*, demi-hautbois; l'*aklac*, tambour à long manche; le *kenon*, fifre; le *kematché*, espèce de viole.

Le concert est dirigé par un musicien qui bat la mesure. Ce musicien tient le premier rang et décide sur quel mode on doit jouer. Il donne le signal en faisant entendre un chant composé sur les sept notes du mode qu'il détermine. Il chante ensuite quatre vers sur le mode choisi, et tous les joueurs d'instruments imitent son chant. Lorsque les quatre vers sont finis, les instruments exécutent une espèce de ritournelle qu'ils nomment *pichreu* et qu'ils jouent dans le même mode. Cette petite pièce consiste ordinairement en un premier couplet, une reprise et un refrain ; après quoi le maître de musique chante trois airs de suite, toujours sur le même mode, s'ils sont courts et du genre qu'on appelle *besté* ; ou bien il n'en chante qu'un s'il est long et de l'espèce de ceux appelés *kiar*.

Ordinairement, ces airs sont de la composition du fameux Coja-Abd-el-Kader, d'Ispahan qui en a composé plus de deux mille.

On exécute ensuite plusieurs morceaux dans le même mode et le concert finit.

Quelquefois, après un court repos, on recommence sur un autre mode ; et si l'on veut que le concert soit plus long, on passe à un troisième, mais dans aucun concert, on ne dépasse trois modes.

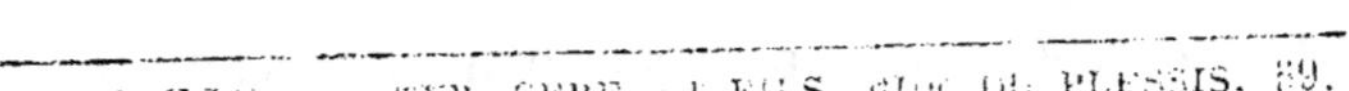

VERSAILLES. — TYP. CERF ET FILS, RUE DU PLESSIS, 59.

www.ingramcontent.com/pod-product-compliance
Lightning Source LLC
LaVergne TN
LVHW020045170826
845678LV00001B/451

* 9 7 8 2 3 2 9 6 9 4 8 6 3 *